essentials

Martin Fiedler

Anleitung zum Erfolg

3., durchgesehene und ergänzte Auflage

Martin Fiedler
Bechtolsheim, Rheinland-Pfalz,
Deutschland

ISSN 2197-6708 ISSN 2197-6716 (electronic)
essentials
ISBN 978-3-658-30072-2 ISBN 978-3-658-30073-9 (eBook)
https://doi.org/10.1007/978-3-658-30073-9

Die Deutsche Nationalbibliothek verzeichnet diese Publikation in der Deutschen Nationalbibliografie; detaillierte bibliografische Daten sind im Internet über http://dnb.d-nb.de abrufbar.

Planung/Lektorat: Irene Buttkus
Springer Gabler ist ein Imprint der eingetragenen Gesellschaft Springer Fachmedien Wiesbaden GmbH und ist ein Teil von Springer Nature.
Die Anschrift der Gesellschaft ist: Abraham-Lincoln-Str. 46, 65189 Wiesbaden, Germany

Was Sie in diesem *essential* finden können

- Universelle Gesetzmäßigkeiten für Lebenserfolg kanalisieren und bündeln sich strukturiert in einer Anleitung zum Erfolg und werden dem Leser auf bestechend einfache Weise innerhalb einer leicht verständlichen Geschichte nähergebracht.
- Dieser anregende Leitfaden holt die komplexen Themen Erfolg, Persönlichkeitsentwicklung, Werteorientierung, Sinnfindung, Glück und soziale Kompetenz aus der Theorie in die tägliche persönliche Praxis.
- Bestechend einfach und unglaublich plausibel vermittelt die bewusst schlicht gehaltene Erzählung psychologische Einsichten und entlarvt hinderliche mentale Muster.
- Wie selbstverständlich wird dem Leser deutlich, worauf es im Leben – ob im Beruf oder Alltag – ankommt, um nicht nur äußerlich erfolgreich, sondern auch im Einklang mit sich selbst zu leben und zu handeln.

Vorwort

Ein glückliches und erfolgreiches Leben streben vermutlich die meisten Menschen an. Dabei gibt es bisher wohl kein Patentrezept dafür, wie jeder einzelne Mensch in seiner individuellen Art dieses für sich selbst am besten erreichen kann. In der folgenden Geschichte geht es darum, in einfacher und leicht verständlicher Form eine Anleitung zum Erfolg aufzuzeigen, welche jedem Menschen dabei helfen kann, bewusster zu denken und zu handeln und damit die eigene Persönlichkeit und den persönlichen Erfolg positiv zu beeinflussen.

Die bewusst einfache und anschauliche Art und Weise, wie dieses Wissen hier vermittelt wird, will jedem einzelnen Leser ermöglichen, die Empfehlungen und Erkenntnisse in seinem Alltag anzuwenden und umzusetzen. Diese Inhalte sind ein Konzentrat dessen, was ich in vielen Jahren – sowohl von weisen Menschen als auch durch eigene Erfahrung – lernen durfte. Seit langem beherzige ich dieses Wissen und es hat mir sowohl im beruflichen als auch im privaten Bereich eine hohe Lebensfreude, Zufriedenheit und schließlich auch Wohlstand gebracht.

Ich wünsche Ihnen nun viel Freude beim Lesen und hoffe, dass Sie die einfach erscheinenden Einsichten aufgreifen und in Ihrer täglichen Praxis umsetzen. Sie können dadurch Ihr Leben jedenfalls glücklicher, schöner, leichter, gesünder und letztlich erfolgreicher gestalten.

Hinweis: Aus Gründen der Lesbarkeit wird auf Doppelformen wie Leser/in etc. verzichtet, die männliche Form schließt explizit die weiblichen sowie diverse Leser* mit ein.

Bechtolsheim Martin Fiedler
März 2020

Inhaltsverzeichnis

Auf der Suche 1

Ein junger Mann wollte einmal herausfinden, ob für den Erfolg von Menschen ein Geheimnis oder so etwas wie ein Patentrezept existiert. Deshalb wollte er viele erfolgreiche Menschen kennenlernen, um von ihnen zu lernen. Er wollte erfahren, was erforderlich ist und wie man vorgehen muss, um erfolgreich zu werden. Er wollte herausfinden, ob erfolgreiche Menschen eine bestimmte Gemeinsamkeit verbindet, die ihren Erfolg ermöglicht. Letztlich strebte er selbst an, ein erfolgreiches Leben zu führen und ein erfolgreicher Mensch zu werden.

Seine Suche führte ihn über mehrere Jahre durch die ganze Welt. Er interviewte viele erfolgreiche Unternehmer, hohe Regierungsbeamte und auch einige Stars aus der Filmbranche und dem Sport. Er lernte Menschen kennen, die so reich waren, dass sie eigene Privatflugzeuge, Schiffe und Immobilien auf der ganzen Welt besaßen. Aber trotz all dem Reichtum gefiel ihm nicht alles, was er zu sehen bekam. Es war häufig gar nicht so schwierig, diese Menschen zum Interview zu bewegen, denn die meisten Menschen erzählten gerne von sich und ihrem Erfolg.

Doch nicht alle machten einen glücklichen Eindruck auf ihn. Manche freuten sich, dass ihnen jemand so lange zuhörte, und dann erzählten sie mehr. Einige berichteten, dass sie sich einsam fühlten, obwohl sie sehr viele Menschen kannten. Aber sie hatten viele Enttäuschungen erlebt und hatten Schwierigkeiten, Menschen zu vertrauen. Wieder andere machten sich Sorgen um die Zukunft, obwohl sie so viel Geld besaßen, dass sie es nie hätten ausgeben können.

Es wurde zunehmend schwieriger für den jungen Mann, den Erfolg einordnen zu können, denn in seinen Augen waren Erfolg und Reichtum nicht mehr automatisch eine Garantie für Zufriedenheit und Glück. Dies verunsicherte ihn sehr. Er stellte sich sogar die Frage nach dem Sinn des Lebens, wenn das Streben nach Erfolg und Reichtum nicht einmal Glücksgefühl und Zufriedenheit garantierte.

© Der/die Herausgeber bzw. der/die Autor(en), exklusiv lizenziert durch
Springer Fachmedien Wiesbaden GmbH, ein Teil von Springer Nature 2020
M. Fiedler, *Anleitung zum Erfolg*, essentials,
https://doi.org/10.1007/978-3-658-30073-9_1

Er suchte also weiter, obwohl er sich gar nicht mehr sicher war, wonach er eigentlich suchen sollte – denn er befürchtete, dass er niemals herausfinden würde, wie man Erfolg haben kann und gleichzeitig nachhaltig glücklich wird.

Er hatte inzwischen viele bemerkenswerte und auch spirituelle Eindrücke gesammelt, denn mittlerweile hatte der junge Mann auch einige Zeit in verschiedenen Klöstern verbracht. Doch auch die wertvollen spirituellen Erfahrungen hatten ihm keine Antwort auf seine Frage gegeben.

Vielmehr entstanden immer neue Fragen: Was ist überhaupt der richtige Lebensentwurf für mich? Wie orientiere ich mich? Wie kann ich erfolgreich werden? Wie kann ich ein glückliches Leben führen?

Er stellte mittlerweile alles infrage – auch den Sinn seiner langen Reise. Denn je mehr Eindrücke und Wissen er sammelte, umso größer schien seine Verunsicherung zu werden. Er schien völlig seine Orientierung zu verlieren, denn er konnte seine zahlreichen gewonnenen Eindrücke nicht ordnen und in eine sinnvolle Struktur bringen.

Es verging noch einige Zeit, bis er durch Zufall von einem Mann hörte, der etwas ganz „Besonderes" sein sollte und mit Sicherheit all seine Fragen beantworten konnte. Dieser Mann sollte ein steinreicher und supererfolgreicher Unternehmer sein und zudem als Professor an einer Universität Vorträge zum Thema „Erfolg" halten.

Etwas misstrauisch machte sich der junge Mann auf den Weg zur Universität dieses Professors, denn er konnte sich nicht vorstellen, dass ein einzelner Mann Antworten auf all seine schwierigen Lebensfragen hätte.

Als er auf dem Universitätsgelände ankam, fragte er gleich im Sekretariat nach dem nächsten Vortrag des Professors und ob er als Gast an der nächsten Vorlesung teilnehmen dürfe. Im Sekretariat lächelte ihn eine freundliche Assistentin an und sagte: „Sie haben großes Glück. Morgen Vormittag beginnt das neue Semester. Professor Connor begrüßt in seiner Vorlesung morgen Vormittag um 10.00 Uhr seine neuen Studenten. Sie können gerne als Gasthörer an der Veranstaltung teilnehmen. Professor Connor freut sich übrigens über jeden Besucher, der sich für seine Vorlesungen interessiert." „Vielen Dank", entgegnete der junge Mann der Assistentin. „Über welche Themen spricht denn der Professor in seinen Vorträgen?" fragte er. „Seine Lehrinhalte beziehen sich ausschließlich auf eine Anleitung zum Erfolg", sagte die Assistentin, „aber falls Sie ihn ansprechen, nennen Sie ihn nicht Professor, das hört er nicht so gerne. Sagen Sie einfach Herr Connor." „Eine Frage noch: Kennen Sie den Professor eigentlich persönlich?" „Ja", sagte die junge Dame lächelnd, „Professor Connor ist ein einzigartiger Mann. Viele seiner Ehemaligen treffen sich noch heute von Zeit zu Zeit mit ihm. Einmal im Jahr gibt es das mittlerweile traditionelle Jahrestreffen in seiner privaten Villa – da lädt der Professor immer alle seine früheren und aktuell Studierenden gemeinsam ein und auch alle Mitarbeiter der Universität. Viele seiner Ehemaligen sind mittlerweile selbst erfolgreiche Unternehmer und ihr Erfolg, so sind sich alle einig, basiert auf der Grundlage ihrer Ausbildung durch Professor Connor. Man merkt Professor Connor an, wie sehr er sich über den Erfolg von anderen freuen kann, besonders, wenn es sich um seine Studentinnen und Studenten handelt."

„Vielen Dank", entgegnete der junge Mann und verließ das Universitätsgelände mit etwas Skepsis, aber auch voller Spannung und Vorfreude auf den nächsten Tag und die erste Vorlesung bei Professor Connor.

Was ist Erfolg?

Am nächsten Tag begab sich der junge Mann bereits eine halbe Stunde vor Vorlesungsbeginn in den Hörsaal. Er konnte hören, wie manche der Anwesenden darüber spekulierten, wer Professor Connor wohl sei. Niemand unter den der neuen Hörern schien zu wissen, wer er war.

Der Hörsaal füllte sich allmählich und viele Studierende unterhielten sich noch, als völlig unbemerkt von der Menge ein kleiner, unscheinbarer älterer Herr den Saal betrat. Er schaute sich etwas um und schien dabei ein wenig zu lächeln. Dann bewegte er sich langsam in die Mitte des Saales in Richtung Rednerpult. Ein paar Schritte vom Pult entfernt blieb er stehen und wandte sich dem Publikum zu. Es wurde immer noch gesprochen. Der kleine Mann schaute jetzt voller Interesse und Aufmerksamkeit in die Menge – und lächelte dabei immer noch.

Nach nur kurzer Zeit bemerkte jeder im Raum seine Anwesenheit und plötzlich war es so leise, dass man eine Stecknadel hätte fallen hören. Der kleine Mann sagte noch immer nichts, aber sein Lächeln und sein Blick versuchten wohl, jeden Einzelnen im Saal einzufangen. Er widmete dem gesamten Publikum seine volle Aufmerksamkeit, als gäbe es für ihn in diesem Moment nichts Wichtigeres auf der Welt. Dann sagte er plötzlich: „Ich begrüße Sie alle sehr herzlich und freue mich darauf, Sie kennenzulernen. Ich bin Edward Connor. Ich bitte Sie darum, mich künftig nicht mit meinem Titel anzusprechen. Er hat keine Bedeutung für mich. Sprechen Sie mich einfach mit Herr Connor an. In meinen Vorlesungen geht es darum, sich als Persönlichkeit weiterzuentwickeln. Ihr Fachwissen ist bei mir nicht von Interesse. Sie können von mir erfahren und lernen, dass die bewusste Einflussnahme auf Ihre eigene Persönlichkeit maßgeblich Ihren künftigen persönlichen Erfolg bestimmen wird. Ihr bisher erworbenes Fachwissen allein wird Ihnen in dieser Welt – die sich bekanntlich permanent verändert – langfristig nicht

M. Fiedler, *Anleitung zum Erfolg*, essentials,
https://doi.org/10.1007/978-3-658-30073-9_2

ausreichend Stabilität und Sicherheit geben, sondern vielmehr Ihre Weisheit, Ihre soziale und emotionelle Kompetenz, kurz: alles, was Ihre Persönlichkeit neben Ihrem Fachwissen sonst ausmacht. In unserer heutigen Veranstaltung geht es darum zu klären, was eigentlich Erfolg bedeutet – deshalb möchte ich Sie alle hier im Saal direkt ansprechen und Ihnen eine sehr wichtige Frage stellen: Was ist in Ihren Augen Erfolg?"

Es war immer noch leise, doch nach einer Weile trauten sich die Ersten zu antworten: „Finanzielle Unabhängigkeit, Reichtum, seiner Familie ein schönes Leben bieten, sich möglichst viele Wünsche erfüllen können, hohe Gewinne einfahren." Es folgten noch viele vergleichbare Aussagen, bevor es wieder leise wurde. Der Professor erwiderte jedoch nichts, sondern schaute sich weiter um, als er plötzlich auf das Publikum zuging. Inmitten zweier Zuschauerreihen schritt er langsam nach oben und blieb exakt neben dem Sitzplatz des jungen Mannes stehen. Dieser wirkte wie erstarrt, als Professor Connor ihn plötzlich direkt anschaute und ansprach: „Und Sie – junger Mann – welche Auffassung haben Sie? Was ist in Ihren Augen Erfolg?"

Der junge Mann wusste nicht gleich, was er antworten sollte, doch der Professor wandte sich nicht von ihm ab, lächelte ihn weiter aufmerksam an. Die Stille wurde erdrückend. Der junge Mann fing an zu antworten: „Ich bin schon lange Zeit auf der Suche nach dem „Geheimnis" des Erfolges, aber ich hatte mir noch nie Gedanken darüber gemacht, wie man Erfolg definieren könnte. Ich traf schon viele erfolgreiche Menschen, die aber nicht alle einen glücklichen Eindruck auf mich machten. Deshalb stellte sich mir eine neue Frage, nämlich, ob Erfolg überhaupt erstrebenswert ist."

Der Professor fragte den jungen Mann weiter: „Wie sollte sich denn in Ihren Augen Erfolg anfühlen – welches Gefühl möchten Sie denn die meiste Zeit Ihres Lebens gerne haben?" Der junge Mann erwiderte: „Ich möchte gerne ein Leben voller Zufriedenheit und Glücksempfinden führen, aber …" Der Professor unterbrach den jungen Mann und wiederholte seine Worte voller Wärme und Verständnis: „Sie möchten also gerne ein Leben voller Zufriedenheit und Glücksempfinden führen."

Noch immer blickte ihn der Professor voll an, ohne den Blick auch nur einmal von ihm abzuwenden. Es war wieder eine unheimliche Stille im Saal, und der junge Mann fühlte plötzlich, wie ihn eine Gänsehaut am ganzen Körper überkam. Der Professor bewegte langsam seine Lippen und sagte bedächtig und voller Respekt: „Ich bitte Sie, streben Sie Ihr ganzes Leben mit Ihrem ganzen Herzen nach Zufriedenheit und Glücksempfinden und ich verspreche Ihnen, dass die Zufriedenheit und Ihr Glücksempfinden in Ihnen wachsen werden – dann werden Sie Erfolg wirklich fühlen."

„Aber wie soll ich damit anfangen? Wie macht man so etwas?", wollte der junge Mann wissen. Der Professor antwortete: „Finden Sie heraus, was Ihre Zufriedenheit stärkt. Finden Sie einen Lebensinhalt, eine Aufgabe, eine Arbeit, ein Projekt, für das Sie Begeisterung, Liebe und Hingabe empfinden. Dann wird sich Ihr Verstand nach allen Seiten ausdehnen, Sie werden Grenzen überschreiten, Widerstände überwinden und Sie werden sich plötzlich in einer neuen, wunderbaren Welt wiederfinden und feststellen, dass Sie ein weitaus bedeutenderer Mensch sind, als Sie sich es je hätten erträumen können."

Es war wieder eine fast unheimliche Stille im Saal und der junge Mann fragte den Professor weiter, ob es nicht schwierig sei, einen solchen Zustand zu erreichen und ihn dann auf Dauer zu erhalten. „Nein", erwiderte der Professor, „ich bin mir sicher, dass fast jeder hier im Saal diesen Zustand bereits selbst erlebt hat." Ein Geflüster war kurz im Saal zu hören. Als es wieder leise war, schaute der Professor in die Runde und sagte: „Sie waren doch sicherlich schon fast alle einmal verliebt – dies ist der gleiche Zustand. Sie sind aufgeregt, stehen morgens früher auf, Ihr Verstand und Ihre Kreativität dehnen sich aus und Sie würden sich alles Erdenkliche einfallen lassen, um Ihrer oder Ihrem Angebeteten eine Überraschung zu machen oder ihr beziehungsweise ihm zu imponieren oder sie beziehungsweise ihn für sich zu gewinnen."

Es war wieder Stille im Saal und der Professor ergänzte weiter: „Liebe, Begeisterung und Hingabe sind die Schlüssel zum Erfolg, denn sie stärken Ihre Zufriedenheit und Ihr Glücksempfinden." Ein Student meldete sich und sagte: „Also bedeutet dies, dass erfolgreich sein heißt: Besser zufrieden und glücklich zu sein als reich und unglücklich?"

Der Professor schaute den Student an und sagte: „Nein, das bedeutet es ganz und gar nicht. Ich möchte Ihnen gerne von einer Studie erzählen: Man hat in den USA seit den frühen 60er bis in die frühen 80er Jahre über 20 Jahre lang eine Studie durchgeführt. 1.500 erfolgsorientierte Studienabsolventen wurden nach ihrem erfolgreichen Examensabschluss interviewt. Man wollte erfahren, was diese Menschen in ihrem künftigen Beruf und Leben erreichen wollten, was ihre Ziele waren. Im Wesentlichen ergaben sich zwei unterschiedliche Aussagen, sodass man die 1.500 Studienabsolventen in zwei Gruppen unterteilen konnte. Die Gruppe A wollte künftig viel Geld verdienen, einen guten Status erreichen, sich ein schönes Haus, ein tolles Auto, ein Motorboot leisten können – möglichst finanziell unabhängig werden. Für die Gruppe B war Geld sekundär, sie wollte vor allem Spaß, Freude und Zufriedenheit an der Arbeit und in ihrem Leben. Man hat diese insgesamt 1.500 Studienabsolventen nun beobachtet, um nach 20 Jahren zu sehen, was aus ihnen geworden war. Und jetzt stelle ich Ihnen wieder eine Frage: Was denken Sie, wie ist Ihre Einschätzung hinsichtlich des finanziellen

Erfolgs dieser Studenten? Wie viele Millionäre resultierten aus diesen 1.500 Studienabsolventen nach 20 Jahren?"

Es dauerte eine Weile, bis die Ersten sich meldeten. Der Erste sagte: „Ein Millionär", der Nächste sagte: „drei Millionäre", der Nächste „fünf Millionäre", dann folgten Prozentzahlen wie „1%, das entspricht 15 Millionären" oder „3%, was 45 Millionären entspricht". Dies war gleichzeitig die höchste Einschätzung. Professor Connor lächelte und sagte: „Ich stelle Ihnen jetzt eine weitere Frage: Was glauben Sie, wie viele Millionäre resultierten aus der Gruppe A – den Geldorientierten, und wie viele resultierten aus der Gruppe B – denen Spaß, Freude und Zufriedenheit an der Arbeit und in ihrem Leben das Wichtigste war?"

Schon wieder war es still im Saal. Niemand traute sich so recht, dies zu beantworten. Der Professor sagte: „Ich will Ihnen helfen. Der erste Student, der sich meldete, hat richtig geantwortet, dessen Antwort war: Ein Millionär – dies war die korrekte Antwort." Es war wieder still im Saal. Der Professor ergänzte weiter: „Dies war die korrekte Antwort bezüglich der Gruppe A, die Gruppe der Geldorientierten. Weitaus mehr Millionäre resultierten aus der Gruppe B, denen Spaß, Freude und Zufriedenheit das Wichtigste war – nämlich genau 100 Millionäre."

Der Professor fuhr fort: „Noch interessanter wird dieses Ergebnis, wenn Sie erfahren, wie die Anzahl der Absolventen sich in beiden Gruppen verteilte: Die Gruppe A, die Geldorientierten, bestand aus der großen Mehrheit der Studenten, nämlich aus 1.245 Personen. Die Gruppe B, für die Spaß, Freude und Zufriedenheit das Wichtigste war, bestand aus lediglich 255 Personen."

Es war wieder still im Saal. „Was sagt uns dieses Ergebnis und was können wir daraus lernen?", fuhr Professor Connor fort und blickte erneut den jungen Mann fragend an.

Der junge Mann antwortete: „Wer rein geldorientiert in seinem Leben vorgeht, hat nach dieser Studie noch nicht einmal eine Chance von 1 zu 1.000 (1:1245), um finanzielle Unabhängigkeit zu erreichen beziehungsweise Millionär zu werden. Und wer Freude, Begeisterung, Spaß und Zufriedenheit bei seiner Arbeit und in seinem Leben anstrebt, hat eine Chance von knapp 40% (100:255), Millionär zu werden. Das bedeutet, dass nach dieser Studie fast jeder Zweite die Chance hat, finanzielle Unabhängigkeit zu erreichen, sofern Zufriedenheit, Freude, Begeisterung, Liebe und Hingabe im Mittelpunkt des Wirkens stehen."

Der Professor fragte den jungen Mann weiter: „Was glauben Sie, woran dies liegen könnte?" Der junge Mann erwiderte: „Vermutlich sind wir weit besser in dem, was wir tun, wenn wir es mit Freude tun." „So ist es", sagte der Professor. „Wenn Sie das, was Sie tun, mit großer Freude, Begeisterung, Hingabe und Liebe tun, werden Sie immer besser sein, als wenn Sie nur etwas tun, um Geld zu verdienen, damit Sie Ihre ‚Brötchen' bezahlen können. Sie haben mit Freude und Begeisterung, Liebe und Hingabe einen Zugriff auf Ressourcen in Ihrem Inneren, die Sie andernfalls nicht anzapfen können. Damit sind Sie mit großer Wahrscheinlichkeit weitaus besser, mit dem was Sie tun, als der Durchschnitt. Sind Sie weitaus besser als der Durchschnitt mit dem, was Sie tun, ist die Folge meist auch, dass Sie weitaus besser als der Durchschnitt Geld verdienen. Also finden Sie heraus, was Sie begeistert und woran Ihr Herz hängt. Das Geld kommt dann automatisch – es ist gewissermaßen ein Abfallprodukt Ihres Wirkens."

Im Saal war es wieder still. Der Professor ging Richtung Rednerpult, schaute sein Publikum lächelnd an und ergänzte: „Glauben Sie mir, alles was ich in meinem Leben unternahm, habe ich getan, weil es mir Spaß machte, mich begeistert hat. Und alles, was ich jetzt tue und noch tun werde, mache ich ebenso aus Freude. Auch heute bin ich hier mit Ihnen zusammen, weil ich mich freue und es mich begeistert, wenn ich Sie dabei unterstützen kann, dass Sie künftig Erfolg haben werden. Mir stellen immer wieder Menschen die Frage, weshalb ich bei meinem Reichtum noch arbeite oder einen Hochschulauftrag annehme. Es geht mir wie vielen anderen Milliardären, die mit nichts angefangen haben: Wir empfinden bei unserem Tun und Wirken Begeisterung, Hingabe und Liebe. Würden Sie Ihre Liebe eintauschen wollen, um anschließend nichts mehr zu tun?"

Der Professor lächelte weiter in die Menge und sagte: „Ich hoffe, wir sehen uns morgen um die gleiche Zeit wieder. Ich wünsche Ihnen noch einen wunderschönen Tag. Gehen Sie sich entspannen, legen Sie sich in die Sonne und denken Sie darüber nach, was Sie begeistert und Ihre Zufriedenheit stärkt." Der junge Mann fühlte sich gut, er hatte eine erste Orientierung gefunden. Er war entschlossen, auch am kommenden Tag wieder die Veranstaltung von Professor Connor zu besuchen.

Wodurch wird Persönlichkeit bestimmt?

Am nächsten Morgen war der junge Mann wieder früh auf dem Universitätsgelände. Er konnte hören, wie sich manche Teilnehmer über die Veranstaltung von Professor Connor vom Vortag unterhielten. Es schien sie berührt zu haben, wie und was Professor Connor gesagt hatte. Dennoch äußerten einige, dass sie noch immer nicht wüssten, was ihre Zufriedenheit stärkt und wofür sie sich begeistern könnten. Plötzlich stand der Professor neben dem jungen Mann und begrüßte ihn mit einem herzlichen Lächeln. „Wie geht es Ihnen?", fragte er. „Danke gut, ich freue mich schon auf den heutigen Tag mit Ihnen", sagte der junge Mann. Der Professor erwiderte: „Danke sehr, ich freue mich auch darauf. Haben Sie noch Fragen zur gestrigen Veranstaltung?" „Nein, Herr Connor", sagte der junge Mann. „Aber ich habe gehört, wie sich andere darüber unterhielten, dass sie Probleme damit haben herauszufinden, was ihre Zufriedenheit stärkt." Der Professor antwortete: „Wir werden noch lernen, verborgene Talente ans Licht zu bringen. Es ist wichtig, sich selbst wahrzunehmen. Lassen Sie uns jetzt in den Hörsaal gehen, sonst kommen wir noch zu spät", ergänzte der Professor scherzend. Im Hörsaal angekommen setzte sich der junge Mann und der Professor begrüßte sein Auditorium: „Einen wunderschönen guten Morgen wünsche ich uns allen, ich hoffe, es geht Ihnen allen gut. Ich freue mich, dass hier heute offensichtlich nicht weniger Studierende als gestern sind. Was die gestrige Veranstaltung betrifft: Haben Sie etwas Geduld mit sich und Vertrauen in sich selbst. In Ihnen steckt viel mehr, als Sie glauben. Sie sind alle etwas Besonderes. Ich bin stolz auf Sie, dass Sie sich dafür interessieren, mehr zum Thema Persönlichkeit zu erfahren. Damit beginnen Sie, sich mit sich selbst auseinanderzusetzen."

„Am heutigen Tag wollen wir uns damit beschäftigen, was uns als Persönlichkeit ausmacht – wodurch wir zum momentanen Zeitpunkt das sind, was wir sind. Denn gestern hatte ich Ihnen zu Beginn erzählt, dass die bewusste Einflussnahme

M. Fiedler, *Anleitung zum Erfolg,* essentials, https://doi.org/10.1007/978-3-658-30073-9_3

auf Ihre eigene Persönlichkeit maßgeblich Ihren künftigen persönlichen Erfolg bestimmt. Also macht es Sinn, sich damit zu beschäftigen, wodurch sich unsere Persönlichkeit ausgebildet hat, und was wir hinsichtlich der bewussten Einflussnahme auf deren Weiterentwicklung wissen sollten. Und deshalb stelle ich wieder eine wichtige Frage an Sie alle: Wodurch wird nach Ihrer Einschätzung die Persönlichkeit eines jeden Einzelnen hier im Raum bestimmt?" Ein Student antwortete gleich: „Unsere Anlagen werden durch unser Erbgut, unsere DNS bestimmt. Unsere Persönlichkeit entsteht in unserem Gehirn." „Das ist korrekt", erwiderte der Professor und fuhr fort: „Die DNS beinhaltet Lebens- und Erbinformationen, sie ist gewissermaßen unsere Grundprogrammierung. Durch sie werden Geschlecht, Haarfarbe, Augenfarbe, Sitz und Funktion der Organe, Veranlagungen, Talente und anderes mehr bestimmt. Diese Programmierungen bestehen bereits bei unserer Geburt. Nach unserer Geburt erhalten wir aber zudem Nachprogrammierungen über unsere fünf Sinnesorgane: Dies geschieht durch unsere Ohren, unsere Augen, unsere Nase, unseren Mund und unsere Haut. An jede Nachprogrammierung – beziehungsweise Erfahrung oder Erkenntnis – ist neben dem Informationsgehalt immer auch ein Gefühl beziehungsweise eine emotionale Prägung gekoppelt, bestehend aus einem Plus (+) oder Minus (−).

Hat beispielsweise ein Baby Hunger, schreit es. Es macht dann die Erfahrung von Zuwendung, Geborgenheit und Nahrungserhalt, womit dann ein positives Gefühl für das Baby verbunden ist. Die emotionale Prägung wäre in diesem Fall also positiv (+). Ein Schulkind hat die Bestnote in einer Klassenarbeit. Es erhält Anerkennung von Klassenkameraden oder von den Eltern, womit ebenfalls eine positive emotionale Prägung (+) verbunden ist. Das gleiche Beispiel mit schlechter Note könnte als Folge haben: Tadel, Spott oder Schadenfreude von Klassenkameraden, Verordnung von Nachsitzen durch den Lehrer, Stubenarrest oder Fernsehverbot durch die Eltern. Dies wäre mit einer negativen Erfahrung verbunden und somit wäre auch die emotionale Prägung negativ (−). Diese oder ähnliche Programmierungen stehen immer im Zusammenhang mit dem gesprochenen Wort, dem Tonfall und der entsprechenden Gestik und Mimik. Die Frage eines Kindes: ‚Darf ich noch aufbleiben?' wird von der Mutter entweder mit einem ‚Ja' beantwortet, mit freundlichem und lächelndem Gesichtsausdruck, oder mit einem ‚Nein', mit ernstem Tonfall und ernstem Gesichtsausdruck. Ein Wort genügt also, um eine Information nebst emotionaler Prägung zu erhalten, entweder positiv oder negativ. Was macht demnach unsere Persönlichkeit aus?", fragte der Professor wiederholt seine Zuhörer.

Ein Student antwortete: „Neben unserer Grundprogrammierung durch unsere DNS, die alle Lebens- und Erbinformationen enthält, werden wir bestimmt durch die Summe aller gespeicherten Informationen seit unserer Geburt und der daran gekoppelten Emotionsgehalte. Aus diesem „Paket" resultieren schlussendlich unsere Aktionen und Reaktionen."

„Toll", lobte der Professor die Zusammenfassung des Studenten. „Aber weshalb ist das für uns im Zusammenhang mit unserer Persönlichkeitsentwicklung so wichtig?", fragte er. Es war wieder still im Saal.

Der Professor fuhr fort: „Entscheidend ist unser Unterbewusstsein in diesem ‚Spiel'. Bei jeder neuen Information, die wir erhalten, wird automatisch unser Unterbewusstsein nach vorhandenen Programmierungen abgefragt. Liegen bereits Programmierungen vor, wird unser Körper erneut von den Gefühlen der bereits erlebten Grundprogrammierung durchflutet – unser Körper wird restimuliert." „Herr Connor, können Sie das anhand eines Beispiels näher erklären?", fragte ein Student.

Der Professor erwiderte: „Stellen Sie sich vor, Sie beißen in eine Zitrone, was passiert jetzt bei Ihnen?" Der Student antwortete: „Mir läuft das Wasser im Mund zusammen." Der Professor: „Sie werden gerade in diesem Moment restimuliert, weil Sie bereits wissen, wie eine Zitrone schmeckt. Da in Ihrem Unterbewusstsein bereits Programmierungen darüber vorliegen, was der Biss in eine Zitrone bei Ihnen auslöst, läuft Ihnen das Wasser im Mund zusammen." Der Professor fuhr fort: „Ein weiteres Beispiel: Sie hören einen Musiktitel, den Sie hörten, als Sie Ihre erste Liebe kennenlernten. Sie werden mit den damaligen Gefühlen restimuliert. Welche Erkenntnis können wir daraus ziehen?", fragte der Professor.

Diesmal antwortete der junge Mann: „Die Erkenntnis ist, dass das Unterbewusstsein offenbar nicht unterscheiden kann zwischen der Wirklichkeit – also dem tatsächlich Erlebten – und der eigenen Vorstellung."

„Ganz genau", stimmte der Professor dem jungen Mann zu. „Ob Informationen über unsere Sinnesorgane eingehen oder Gedanken von uns nur gedacht werden, ist völlig gleichgültig. Je nach Abfrageergebnis im Unterbewusstsein ergeben sich bei bereits vorliegenden Programmierungen Restimulierungen und Gefühle beziehungsweise emotionale Prägungen mit positiver oder negativer Ausrichtung. Diese Gefühle, ob positiv oder negativ, werden in den Körper zurückgeschüttet und füllen weiter das Unterbewusstsein. Gedanken sind also wirkende Kräfte, die von uns selbst produziert werden und unser Empfinden verantworten."

Der Professor fuhr fort: „Ich würde jetzt gerne ein kleines Experiment mit Ihnen allen ausprobieren und ich bitte Sie dazu, jetzt alles besonders Negative, das Sie in Ihrem Leben erlebt haben, auf ein Blatt Papier zu notieren. Sie haben dafür drei Minuten Zeit. Die Notizen sind im Übrigen nur für Sie persönlich bestimmt." Eifrig schrieben die Studierenden ihre Erfahrungen auf. Nach drei Minuten sagte der Professor: „Das reicht, ich möchte Sie nun fragen, wie Sie sich jetzt gerade fühlen?"

Einige Studenten antworteten, dass es Ihnen augenblicklich nicht so gut gehe. Ihre Gedanken seien noch sehr mit den negativen Erlebnissen verbunden. Einige hatten auch Tränen in den Augen.

Jetzt sagte der Professor: „Bitte notieren Sie jetzt alles besonders Positive, das Sie in Ihrem Leben erlebt haben, auf der Rückseite Ihres Blattes. Sie haben wieder drei Minuten Zeit." Nach Ablauf der drei Minuten sagte der Professor: „Danke, das reicht jetzt. Wie fühlen Sie sich?" Die gleichen Studierenden antworteten, dass sie sich jetzt richtig gut fühlten.

Der Professor sagte: „Sie haben alle erkannt, was uns dieses kleine Experiment gezeigt hat. Vermeiden Sie negatives Denkverhalten und praktizieren Sie täglich ein bewusst positives Denkverhalten. Programmieren Sie Ihr Unterbewusstsein somit immer positiver."

„Ich gebe Ihnen ein paar Beispiele dafür", sagte der Professor. „Statt negativem Denken: ‚Das ist unmöglich!' positiv denken: ‚Irgendwie finden wir schon einen Weg.'

Statt negativer Kommunikation: ‚Du hast Schuld!' positive Kommunikation: ‚Wir finden eine Lösung.' Statt Hass, Neid oder Rache Toleranz und Dankbarkeit lernen."

Ein Student meldete sich: „Herr Connor, ich habe eine Frage: Manchen Menschen fällt es schwerer und manchen fällt es leichter, positiv zu denken. Welche Ursachen könnte dies haben?" Der Professor gab die Frage an seine Studierenden weiter und fragte, ob jemand diese Frage beantworten könne.

Der junge Mann meldete sich und sagte: „Ich vermute, dass die Menschen, die durch ihr positives Denken ihr Unterbewusstsein bereits ihr ganzes Leben überwiegend positiv programmiert haben, sich schon automatisch viel positiver verhalten und auch denken. Ihr Gehirn lässt kaum noch Raum für negatives Denken, ebenso verhält es sich im umgekehrten Fall."

Der Professor erwiderte: „Danke, das haben Sie anschaulich erklärt. Den umgekehrten Fall könnte man auch mit einer sehr übergewichtigen Person vergleichen, die schlank sein will. Dies funktioniert auch nicht von heute auf morgen. Die Person muss ihre Ernährung umstellen und regelmäßig Sport treiben und dennoch ist es ein sehr mühsamer Weg, bis sie das Ziel – schlank sein – erreicht hat. Dagegen ist gegebenenfalls ein bereits lebenslang schlanker Mensch schon immer daran gewöhnt, regelmäßig Sport zu treiben und sich vernünftig zu ernähren."

„Ein einziger Tag positives Denken programmiert das Unterbewusstsein nicht um, wenn sich dort ein großes Volumen an negativen emotionalen Prägungen eingenistet hat. Besonders, wenn in der Kindheit einschneidende, massive Negativerfahrungen gemacht wurden, ist unter Umständen zusätzlich therapeutische Hilfe notwendig, um das Erlebte erst zu verarbeiten und anschließend mit dem bewussten positiven Denken starten zu können. Man sollte generell Negativerlebnisse möglichst schnell bewusst verarbeiten und nicht in sich hineinfressen. Ein intensiver Austausch mit professioneller Hilfe unterstützt dabei, das Erlebte gewissermaßen abhaken zu können, damit man wieder nach vorne blicken und das Unterbewusstsein bewusst positiv trainieren kann. Wie ein Sportler, der nach seiner Verletzungspause wieder mit dem Training beginnt und sich wieder fit macht. Aber vor seinem Trainingsbeginn muss er – je nach Schwere seiner Verletzung – eventuell durch eine Reha-Maßnahme durch.

Wir werden in der nächsten Vorlesung darüber sprechen, welche nützlichen Begleiterscheinungen dieses positive Denken noch mit sich bringt.

Als Hausaufgabe bitte ich Sie, sich bis zur morgigen Veranstaltung allen Menschen gegenüber, denen Sie bis dahin begegnen, bewusst entschieden höflich, zuvorkommend und hilfsbereit zu verhalten. Und mit entschieden meine ich, auch den Menschen gegenüber, die Ihnen nicht sympathisch erscheinen. Ich danke Ihnen für Ihre Aufmerksamkeit und wünsche Ihnen noch einen schönen Tag", sprach der Professor und winkte seinen Studierenden beim Verlassen des Hörsaals mit einem Lächeln zu.

Persönlichkeit und Erfolg positiv entwickeln

4.1 Der Raum der tausend Spiegel

Am nächsten Tag pünktlich um 10 Uhr begrüßte Professor Connor seine Studierenden: „Guten Morgen zusammen – ich hoffe, es geht es Ihnen allen gut. Was haben Sie von gestern bis heute noch alles erlebt? Hat es funktioniert mit dem uneingeschränkt höflichen, zuvorkommenden und hilfsbereiten Verhalten?"

„Herr Connor", antwortete ein Student, „es hat mir unglaublich viel Spaß gemacht, mich so zu verhalten, es war spannend, die Reaktionen zu sehen und ich war erstaunt, wie schön und einfach alles sein kann. Meinem Nachbarn, mit dem ich bisher noch nie ein Wort gewechselt hatte, dem habe ich geholfen, einen neuen Kühlschrank in seine Wohnung zu tragen. Der war so dankbar und wir haben uns noch zwei Stunden bei ihm unterhalten und wir haben festgestellt, dass wir so viele gemeinsame Interessen haben. Nächstes Wochenende hat er mich zum Grillen eingeladen." Ein anderer Student sagte: „Ich kann das nur bestätigen, es fühlt sich gut an, besonders höflich, zuvorkommend und hilfsbereit zu sein". Der junge Mann fragte den Professor: „Ist es denn umsetzbar, dass wir immer besonders höflich, zuvorkommend und hilfsbereit sind?" Der Professor erwiderte: „Eigentlich handelt es sich um praktizierte Nächstenliebe. Hat es Ihnen denn keine Freude bereitet, sich so zu verhalten?" „Doch, es war mit schönen Erfahrungen verbunden", erwiderte der junge Mann. Der Professor sprach: „Positive Energie, die Sie aussenden, wird immer wieder zu Ihnen zurückkehren. Mit jeder Möglichkeit, die sich Ihnen bietet, können Sie mit diesem Verhalten sich selbst glücklich machen."

Nun aber unterbrach ihn ein weiterer Student: „Ich habe keine guten Erfahrungen gemacht. Meinem Nachbarn habe ich angeboten, seinen Bierkasten

© Der/die Herausgeber bzw. der/die Autor(en), exklusiv lizenziert durch
Springer Fachmedien Wiesbaden GmbH, ein Teil von Springer Nature 2020
M. Fiedler, *Anleitung zum Erfolg,* essentials,
https://doi.org/10.1007/978-3-658-30073-9_4

die Treppe hochzutragen, als er mit seinen Einkäufen nach Hause kam. Er fragte mich nur, ob ich ihn veräppeln will und ob er denn so einen schwächlichen Eindruck macht."

Der Professor erwiderte: „Ich will Ihnen eine Geschichte erzählen: Es war einmal ein kleiner Hund, der sich verlaufen hatte. Er kam an eine Tür, ging hindurch und stand im Raum der tausend Spiegel. Er sah sich aufgrund der Spiegel nun tausend Hunden gegenüber und fing an zu bellen. Nun sah er sich tausend bellenden Hunden gegenüber und wurde immer böser und grimmiger und bellte lauter und lauter. Auch die tausend Hunde sahen immer böser und grimmiger aus und bellten lauter und lauter. Der kleine Hund bellte so lange bis er bald am Ende seiner Kräfte erschöpft zusammenbrach und starb."

Es war still im Saal und der Professor ergänzte: „Es gab einen weiteren kleinen Hund, der sich ebenfalls verlaufen hatte und an die gleiche Tür kam und hindurchging. Er stand nun ebenso wie sein Vorgänger im Raum der tausend Spiegel und sah sich auch tausend Hunden gegenüber. Er freute sich, sie zu sehen und wedelte mit dem Schwanz. Nun sah er tausend Hunde, die mit dem Schwanz wedelten, und er war überglücklich. Nun wedelte er voller Freude noch mehr mit dem Schwanz und die tausend Hunde taten dies auch. Dies machte den kleinen Hund noch glücklicher. Voller Freude und Zufriedenheit verließ er den Raum der tausend Spiegel und fand überglücklich den Weg nach Hause."

Der Professor ergänzte weiter: „Diese kleine Geschichte soll uns zeigen, dass wir zu jeder Zeit die Wahl haben, welche Energien wir aussenden möchten. Positive oder negative Energien. Ihr Nachbar hat Ihre Höflichkeit nicht erwidert. Er hätte sich für Ihre Freundlichkeit, dass Sie ihm den Bierkasten die Treppe hochtragen wollten, auch einfach bedanken können. Das Ergebnis wird sicherlich sein, dass Sie ihm keine Hilfe mehr anbieten werden. Es ist auch gut so, dass wir uns von negativen Energien abwenden und uns positiven Energien zuwenden. Negative Energien blockieren uns, positive Energien bringen uns weiter. Deshalb werden Menschen mit negativen Energien auf Dauer auch nicht viel Zuwendung von anderen Menschen erfahren."

Ein Student rief plötzlich dazwischen: „Wenn ich zu anderen freundlich bin, um meine eigenen Bedürfnisse zu erfüllen, ist das nicht egoistisch? Soll ich andere mit Freundlichkeit um den Finger wickeln, damit ich kriege, was ich will?" Der Professor blickte den Studenten an: „Ich danke Ihnen, dass Sie diesen Einwand gebracht haben. Zunächst einmal geht es nicht darum, andere mit der Kenntnis dieser Mechanismen zu manipulieren, sondern die ethische Aufrichtigkeit zu uns selbst und zu anderen ist notwendig, damit positive Energien wirklich fließen können – dies kann nur geschehen, wenn wir Liebe und Herzlichkeit in uns tragen. Ein gesunder Egoismus ist positiv. Das bedeutet, dass wir eine Balance zwischen den eigenen Bedürfnissen und denen unserer persönlichen Umwelt anstreben. Das macht letztendlich den Grad Ihrer sozialen Kompetenz aus.

Allein die Kenntnis dieser Gesetzmäßigkeiten auf der Grundlage ethischer Aufrichtigkeit trägt dazu bei, dass mehr Liebe in die Welt getragen wird. Und Sie können sich jederzeit und immer wieder bewusst dafür entscheiden."

4.2 Was Menschen antreibt verstehen und lenken

„Sie haben bisher gelernt, was Erfolg ist und wie man Erfolg anstreben kann. Sie haben zudem gelernt, was Ihre Persönlichkeit ausmacht, wie Ihr Unterbewusstsein funktioniert und wie wichtig in diesem Zusammenhang das ist, was Sie denken.

Wir benötigen aber noch mehr Wissen und Ergänzungen. Es gibt noch fehlende Teile in diesem Puzzle, die wir in eine Gesamtstruktur bringen, um eine allumfassende Orientierung zu erhalten."

Der Professor ergänzte weiter: „Ich stelle Ihnen nun wieder eine bedeutsame Frage: Jede Handlung, jedes Vorhaben, alles, was Sie in Ihrem Leben tun und unternehmen, basiert auf einem Ursprung, der Sie antreibt und gewissermaßen mit Handlungsenergie versorgt. Kann sich jemand von Ihnen vorstellen, was dieser Ursprung ist?"

Der junge Mann antwortete: „Ich glaube, alles, was wir im Leben unternehmen, resultiert aus Bedürfnissen, die in uns entstehen und die wir befriedigen möchten."

Der Professor erwiderte: „Das ist korrekt, noch nie hat ein Student mir diese Frage so konkret wie Sie beantworten können. Ich danke Ihnen sehr."

Der junge Mann erwiderte: „Ich danke Ihnen, aber ich bin nur ein Gasthörer. Mein Name ist Edward Lewis."

Der Professor erwiderte: „Ich weiß, ich kenne nicht nur meine Studentinnen und Studenten, sondern auch meine Gasthörer und Sie ganz besonders, Herr Lewis. Es ist eine Ehre für uns alle, dass Sie bei uns sind."

Der Professor fuhr fort: „Herr Lewis hat richtig zusammengefasst, dass alles, was wir im Leben unternehmen, aus Bedürfnissen resultiert, die in uns entstehen und die wir befriedigen möchten. Diese Bedürfnisse sind sehr unterschiedlicher Natur. Stellen Sie sich vor, Sie sind auf einer einsamen Insel gestrandet. Welche Bedürfnisse entstehen denn zuerst in Ihnen?"

Eine Studentin antwortete: „Bei mir persönlich würde zuerst das Bedürfnis entstehen, eine sichere Übernachtungsmöglichkeit zu schaffen, dann das Bedürfnis Nahrung zu finden. Zudem würde, wenn es keine tropische Insel ist, auch das Bedürfnis nach geeigneter Kleidung entstehen."

„Danke sehr", entgegnete der Professor und ergänzte: „Diese Bedürfnisse nach Wohnung, Nahrung und Kleidung können wir zusammenfassen als unsere physiologischen Grundbedürfnisse. Welche Bedürfnisse entstehen noch?"

Eine andere Studentin antwortete: „Ich denke, wir wollen uns gegen Gefahren schützen, also entstehen Sicherheitsbedürfnisse."

„Korrekt", antwortete der Professor, „welche weiteren Bedürfnisse können außerdem entstehen?"

Ein Student antwortete: „Wenn man längere Zeit alleine auf der Insel verbringt, entsteht vermutlich das Bedürfnis nach sozialen Kontakten, nach Kommunikation. Man will sich doch unterhalten. Robinson hat sich dann, da er alleine war, mit einem Kürbis unterhalten."

Der Professor antwortete: „Danke für diesen Beitrag, das ist völlig korrekt. Ich möchte Sie nun gerne mit einer Hausaufgabe ins Wochenende verabschieden. Überlegen Sie sich, welche Bedürfnisse noch in uns entstehen können und versuchen Sie, diese in eine sinnvolle Struktur zu bringen. Dies wird uns dabei helfen, unsere Orientierungshilfe aufzubauen. Die Vorstellung, auf einer einsamen Insel gestrandet zu sein – wie Robinson – kann dabei hilfreich sein.

Ich wünsche Ihnen nun allen ein schönes Wochenende, wir sehen uns nächste Woche wieder."

Der Professor und seine Studierenden verließen den Hörsaal und es lag eine Spannung in der Luft, denn alle waren neugierig, wie diese Orientierungshilfe aussehen könnte.

In der kommenden Woche versammelten sich alle Studierenden und Edward Lewis pünktlich im Hörsaal. Der Professor war bereits anwesend und begrüßte seine Zuhörer wieder sehr herzlich, um ihn gleich direkt anzusprechen: „Herr Lewis, haben Sie zu den menschlichen Bedürfnissen noch Ergänzungen finden und diese strukturieren können?"

Edward Lewis antwortete: „Ja, Herr Connor, und mir ist dabei noch viel mehr klar geworden. Ich denke, dass wir unsere Bedürfnisse in eine hierarchische Struktur bringen können. Und dies hat bereits ein amerikanischer Psychologe mit dem Namen Abraham Maslow getan. Er konzipierte eine Bedürfnispyramide, die zu den bekanntesten Motivationstheorien gehört.

Die Befriedigung unserer physiologischen Grundbedürfnisse mit Wohnung, Nahrung, Kleidung, Schlaf, Sauerstoff und Sexualität ist auf der ersten Stufe angesiedelt.

Sind diese Bedürfnisse befriedigt, entstehen auf der zweiten Stufe Sicherheitsbedürfnisse nach Schutz, Stabilität, Struktur sowie Geborgenheit.

Auf der dritten Stufe entstehen soziale Bedürfnisse, also das Bedürfnis nach Austausch, Kommunikation oder Zusammensein mit anderen Menschen, wofür Robinson den Kürbis nutzte.

Auf der vierten Stufe entstehen Wertschätzungsbedürfnisse, also das Bedürfnis nach Anerkennung und Aufmerksamkeit durch andere Menschen. Diesen Part konnte der Kürbis im Fall von Robinson nicht mehr erfüllen. Robinson konnte sich zwar noch vorstellen, dass ihm der Kürbis zuhört, dieser konnte ihm aber nicht antworten.

Auf der fünften und damit obersten Stufe entstehen Selbstverwirklichungsbedürfnisse."

Edward Lewis ergänzte weiter: „Und wenn ich mir diese Stufen anschaue, kann ich auch sehen, dass alles, was wir bisher gelernt haben, dazu dient, eine dieser fünf Bedürfnisstufen zu befriedigen:

Wir haben gelernt und in der Praxis trainiert, mit anderen jederzeit höflich, zuvorkommend und mit Respekt umzugehen. Dadurch können wir unsere sozialen Bedürfnisse – die dritte Stufe – befriedigen, denn wir werden durch die Achtung des Selbstwertgefühls anderer Menschen jederzeit mit allen Menschen erfolgreich umgehen und kommunizieren können.

Wir haben gelernt und in einer Übung an uns selbst erfahren können, wie unser Unterbewusstsein funktioniert und wie wichtig es ist, dass wir positiv denken. Denn positives Denken ist Energie, die unweigerlich zu uns zurückkehren wird. Damit können wir unsere Wertschätzungsbedürfnisse – die vierte Stufe – befriedigen. Nur ein einziges Lächeln einem Fremden gegenüber – das erwidert wird – befriedigt schon die Wertschätzungsbedürfnisse zweier Menschen.

Wir haben gelernt, was Erfolg ist und wie wir Erfolg anstreben sollen, nämlich mit einer Aufgabe, einem Projekt und Lebensinhalten, für die wir Begeisterung, Hingabe und Liebe empfinden. Dadurch können wir unsere Selbstverwirklichungsbedürfnisse – die fünfte Stufe – befriedigen.

Und die fünfte Stufe, Selbstverwirklichung und Erfolg, das haben wir auch gelernt, kann uns als ‚Abfallprodukt' überdurchschnittlich viel Einkommen bringen, wodurch wir unsere physiologischen Bedürfnisse – die Stufe eins – und unsere Sicherheitsbedürfnisse – die Stufe zwei – gewissermaßen automatisch befriedigen können.

Mit dem, was wir gelernt haben, können wir jederzeit die unterschiedlichen Facetten all unserer Bedürfnisse besser verstehen, einordnen und befriedigen sowie erfolgreich mit anderen und uns selbst umgehen. Dieses Wissen dient aus meiner Sicht der Erlangung von sozialer Kompetenz. Damit, so glaube ich, haben wir die Orientierungshilfe und eine Anleitung zum Erfolg geschaffen."

Der Professor ging auf die Studenten zu, blieb am Sitzplatz des jungen Herrn Lewis stehen und erwiderte: „Ja, das haben Sie. Ich glaube, damit sind Sie am Ziel Ihrer Suche und somit Ihrer langen Reise. Ich gratuliere Ihnen von Herzen."

Der Professor reichte Edward Lewis die Hand. Der erhob sich, erwiderte den Händedruck des Professors und hatte dabei Tränen in den Augen.

Professor Connor ergänzte weiter: „Der Aufbau der Bedürfnispyramide von der unteren Stufe – den physiologischen Bedürfnissen – bis zu der obersten Stufe – den Selbstverwirklichungsbedürfnissen – bedeutet nicht, dass nur in dieser hierarchischen Reihenfolge Bedürfnisse entstehen und befriedigt werden können. Die Bedürfnisse können isoliert für sich in unterschiedlicher Reihenfolge entstehen und auch befriedigt werden. Zum Beispiel ein 14-jähriger Junge, der bereits ein musikalisches Genie ist und bereits seine Selbstverwirklichungsbedürfnisse befriedigt, kann unter Umständen auf den unteren Stufen durchaus noch Defizite haben, weil er die menschliche Reife noch nicht hat. Er musste bisher auch nicht die Zusammenhänge von Persönlichkeit und Erfolg verstehen lernen und auf die Suche nach seinen verborgenen Talenten gehen. Seine Talente waren offensichtlich und drängten nur danach, nach draußen zu können."

Der Professor ging wieder Richtung Rednerpult und ergänzte: „Liebe Studentinnen und Studenten, liebe Gasthörer: Wir haben es selbst in der Hand, was wir aus unserem Leben machen. Jeder von Ihnen hat das Rüstzeug, sein Leben bewusst positiv beeinflussen zu können.

Ebenso hat es jeder übergewichtige Mensch, der nicht krank ist, selbst in der Hand, mit dem richtigen Wissen und Willen dauerhaft schlank zu werden. Die adäquate Ernährung in Verbindung mit regelmäßigem Sport ist der Lösungsweg. Die Entscheidung, diesen Weg zu gehen, muss die betreffende Person aber selbst treffen. Ebenso den Weg beschreiten und ihn konsequent fortsetzen.

Jeder von Ihnen hat also die Möglichkeit, ein erfülltes, glückliches, zufriedenes und erfolgreiches Leben zu führen. Sie besitzen nun das entsprechende Wissen.

Sie haben die Wahl. Entscheiden Sie, welches Leben Sie führen möchten und zu welchem Menschen Sie reifen möchten.

Wenn Sie sich für ein erfolgreiches Leben entscheiden, denken Sie in Ihrem Alltag daran, dass Sie durch die Achtung des Selbstwertgefühls anderer Menschen jederzeit in der Lage sein werden, dauerhaft und nachhaltig erfolgreich mit ihnen zu kommunizieren. Somit können Sie gleichzeitig Ihre eigenen sozialen Bedürfnisse befriedigen.

Durch bewusst positives Denken und bewusst positive Kommunikation werden sich die Menschen in Ihrem Umfeld Ihnen gegenüber leichter öffnen und Sie können sich leichter austauschen, Synergien nutzen und Ihre eigenen Wertschätzungsbedürfnisse befriedigen.

Zum anderen beschäftigen Sie sich bitte damit, wirklich festzustellen, was Ihre Zufriedenheit stärkt. Finden Sie heraus, welche Talente sie haben, was Ihnen gut gelingt und wofür Sie sich begeistern können. Ergründen Sie Ihr ‚kleines Genie'."

4.3   Ergründung des „kleinen Genies"

Ein Student fragte: „Was ist denn das ‚kleine Genie' und wie findet man es?"

Der Professor antwortete: „Das ‚kleine Genie' ist ein von mir kreierter Begriff für das individuelle Talent jedes Einzelnen von Ihnen. Jeder Mensch hat mehrere Begabungen und Talente, auch wenn er denkt, dass er keine besitzt. Diese gilt es, an die Oberfläche zu bringen und herauszufinden, welches ganz besonders ist.

Es gibt viele Menschen, die glauben, sie seien völlig ohne Talente. Denken Sie doch bitte jeden Abend, bevor Sie schlafen gehen, über den vergangenen Tag nach. Notieren Sie sich zum Beispiel in einer Art Tagebuch, was Ihnen Freude bereitet hat beziehungsweise, was Ihnen gut gelungen ist. Schreiben Sie auch Kleinigkeiten auf, die Ihnen gut gelungen sind, Ihnen Freude bereitet haben und mit denen Sie Erfolg hatten. Auch wenn Sie das Gefühl haben, dass Ihnen das nichts bringt, führen Sie dennoch diese Eintragungen täglich für einige Monate fort.

Schauen Sie sich nach einem halben Jahr Ihre Aufzeichnungen an. Lesen Sie sie vor dem Einschlafen langsam Seite für Seite und lassen Sie diese auf sich wirken.

Sie werden sich wundern, was Ihnen alles auffallen kann. Geben Sie sich und Ihrem „kleinen Genie" eine Chance."

Der Professor fügte hinzu: „Ich möchte Sie gerne alle am kommenden Wochenende zu mir nach Hause einladen. Wir feiern das traditionelle Jahres-treffen mit vielen früheren Studenten. Sie haben dort die Möglichkeit, Kontakte zu knüpfen und sich mit den Ehemaligen auszutauschen, die wie Sie zum Teil auch nicht wussten, wo ihre größten Talente lagen. Heute sind viele von ihnen erfolgreiche Unternehmer und glückliche Persönlichkeiten.

Denken Sie daran: Entscheidend ist zum einen der konstruktive Umgang mit uns selbst, das heißt, uns selbst die Chance zu geben, unsere eigenen Fähigkeiten und Talente zu finden und zu entwickeln, zum anderen der positive und respekt-volle Umgang mit allen Menschen, denen wir begegnen, sowie die positive und verantwortungsbewusste Einstellung gegenüber der gesamten übrigen Umwelt, womit ich jegliches Leben und die Natur mit einschließe.

All das, Ihre ethische Grundeinstellung, Ihr konstruktives Denken und Ver-halten auf der Grundlage der von uns gemeinsam erarbeiteten Orientierungshilfe in Form der Bedürfnispyramide, formen und entwickeln in der täglichen Praxis Ihre Persönlichkeit und Ihre soziale Kompetenz. Dies schafft die Grundlage für Ihren Erfolg."

Die Dankesrede

5

Die Studierenden freuten sich schon auf die Jahresfeier bei Professor Connor.

Es war ein herrlicher und sonniger Tag mit blauem Himmel. Rund 400 Studierende und Hochschulbedienstete erschienen auf dem riesigen Anwesen von Professor Connor. 80 Bedienstete einer Cateringfirma und weitere 20 Köche kümmerten sich um das leibliche Wohl der Gäste, die sich auf dem ca. 50.000 m^2 großen, imposanten Gartenpark verteilten.

Auf einer zentral gelegenen Bühne fanden musikalische Auftritte namhafter Künstler statt. Die neuen Studierenden und der junge Herr Lewis waren tief beeindruckt.

In einer Künstlerpause erschien Professor Connor auf der Bühne und schritt ans Mikrofon: „Ich begrüße Sie alle sehr herzlich, danke Ihnen allen für Ihr Kommen und freue mich auf einen schönen Nachmittag und Abend mit Ihnen. Jedes Jahr werden es mehr Studierende. Und jedes Jahr steigt auch der Anteil erfolgreicher Unternehmer und Menschen auf dieser Party. Ich bin stolz auf Sie alle. Dieses Semester habe ich wieder großartige neue Studierende kennenlernen dürfen und ich möchte nun stellvertretend für diejenigen Studierenden einen Menschen, der dieses Jahr bisher keine Vorlesung von mir versäumte, herzlich begrüßen. Ich bitte auf diese Bühne: Herrn Edward Lewis."

Edward Lewis war wie erstarrt und mochte seinen Ohren nicht trauen. Der Professor wartete aber und ergänzte erneut: „Herr Lewis, wo haben Sie sich versteckt?"

Edward Lewis eilte Richtung Bühne und betrat diese etwas aufgeregt. Professor Connor begrüßte ihn: „Herzlich willkommen, Herr Lewis. Ich freue mich sehr, dass Sie meiner Einladung gefolgt und zu diesem wunderbaren Treffen

© Der/die Herausgeber bzw. der/die Autor(en), exklusiv lizenziert durch
Springer Fachmedien Wiesbaden GmbH, ein Teil von Springer Nature 2020
M. Fiedler, *Anleitung zum Erfolg*, essentials,
https://doi.org/10.1007/978-3-658-30073-9_5

gekommen sind. „Bleiben Sie ganz entspannt", flüsterte der Professor ihm noch zu.

„Meine Damen und Herren, ich möchte Ihnen heute Herrn Edward Lewis vorstellen, der – so glaube ich sagen zu können – wie kein anderer unter uns auf der Suche nach Erfolg war. Ich bin glücklich, ihm begegnet zu sein, denn er ist ein außergewöhnlicher junger Mann, der meine Veranstaltungen in diesem Semester als Gasthörer besucht hat.

Herr Lewis ist schon seit einigen Jahren auf der ganzen Welt unterwegs und interviewte viele erfolgreiche Menschen.

Herr Lewis, ich möchte Ihnen dafür danken, wie sehr Sie sich mit den Themen Persönlichkeit und Erfolg auseinandergesetzt haben. Sie waren und sind eine große Bereicherung für unser neues Semester. Würden Sie uns die Freude machen und ein paar Worte über das, was Sie erlebt haben, an uns richten?"

Edward Lewis war etwas überrascht, aber urplötzlich ganz ruhig und entspannt, als er ans Mikrofon trat und sagte: „Guten Abend, Herr Connor, vielen herzlichen Dank für die Einladung. Es ist eine großartige Party mit fantastischen Künstlern, einer hervorragenden Küche und großartigen Persönlichkeiten. Ich fühle mich sehr wohl hier. Ich möchte Ihnen allen einen wundervollen und unvergesslich schönen Tag und Abend wünschen. Liebe Gäste, liebe Ehemaligen, liebe Studentinnen und Studenten, Herr Connor hat mich zu meiner Überraschung gebeten, ein paar Worte an Sie zu richten.

Wie Herr Connor schon erwähnte, war ich seit geraumer Zeit auf der ganzen Welt unterwegs, um erfolgreiche Menschen kennenzulernen und von ihnen zu lernen. Ich war auf der Suche nach dem Geheimnis beziehungsweise nach einem Patentrezept – einer Anleitung zum Erfolg. Ich bin mir sicher, dass ich nun am Ziel meiner Reise angekommen bin. Ich muss nichts mehr suchen. Dies ist ein wunderbares Gefühl.

Herr Connor hat mir den Anstoß gegeben, die fehlenden Teile in meinem Puzzle selbst zu finden. Dafür bin ich Ihnen, Herr Connor, unendlich dankbar.

Ich glaube alles, was wir bei Herrn Connor gelernt haben, können wir weiter verdichten und in einem Begriff zusammenfassen. Dieser Begriff ist aus meiner heutigen Sicht das Entscheidende für ein erfolgreiches Leben:

Dieser Begriff heißt Liebe. Liebe zu uns selbst, zu unseren Talenten, zu unserem tiefsten Inneren, zu unserer Seele. Und die Liebe und Herzlichkeit im Umgang mit anderen Menschen. Menschen, die uns nahestehen, oder Menschen, denen wir nur flüchtig begegnen."

Es war eine unheimliche Stille, als die Worte verhallten und er ergänzte: „Ich danke Ihnen, dass ich heute hier sein darf und freue mich darauf, viele von Ihnen kennenlernen zu dürfen. Ich wünsche uns allen noch einen schönen Nachmittag und Abend. Danke für Ihre Aufmerksamkeit.“

Ein großer Applaus setzte nach diesen Worten ein. Edward Lewis blickte zum Bühnenrand, wo Herr Connor stand, und lächelte ihn an. Herr Connor erwiderte das Lächeln und applaudierte ebenso wie die zahlreichen Gäste.

Am nächsten Morgen – Edward Lewis hatte als Ehrengast in der Villa von Professor Connor übernachtet – trafen sich beide zum gemeinsamen Frühstück.

„Haben Sie gut geschlafen?", fragte der Professor. „Oh ja, phantastisch, es geht mir wirklich richtig gut. Ich bin Ihnen für alles so dankbar", antwortete Edward Lewis.

Der Professor fragte weiter: „Was wollen Sie nun tun?" Edward Lewis antwortete: „Ich glaube, mein Weg ist es, anderen dabei zu helfen, Erfolg zu haben".

Der Professor erwiderte: „Das ist ja phantastisch, – hätten Sie vielleicht Interesse, für mich zu arbeiten und mich unter anderem bei meinen Vorlesungen zu unterstützen?"

„Trauen Sie mir das zu?", erwiderte Edward Lewis. „Gewiss traue ich Ihnen das zu", sagte der Professor und fuhr fort: „Lieber Edward Lewis, Sie besitzen Herz, Verstand, Begeisterung und Hingabe und damit alles, was Sie benötigen. Lassen Sie es uns doch ausprobieren. Ich bitte Sie jetzt spontan darum, mir eine Anleitung zum Erfolg zusammenzufassen".

„Herr Connor, sehr gerne zeige ich Ihnen meine Anleitung zum Erfolg.

Unabhängig von der Methode, mit der Sie, Herr Connor, in Ihren Vorlesungen arbeiten, beginnt alles mit dem Status quo – dem gegenwärtigen Zustand unserer Persönlichkeit. Das ist doch für alles der Ausgangspunkt, auch wenn man zum Beispiel abnehmen möchte. Ist man dick, wäre das Ziel, schlank zu werden. Dann sollte man sich am Anfang auch mal auf die Waage stellen und am Ende der Reise erneut" – „und vielleicht auch mal zwischendurch", unterbrach Professor Connor, worauf beide spontan in herzhaftes Gelächter ausbrachen.

Lewis fuhr fort: „Unsere Persönlichkeit wird durch unsere Veranlagung und unsere Prägungen bestimmt. Es ist wichtig zu wissen, dass wir zwar auf unsere Veranlagung (= DNS = Grundprogrammierung) keinen Einfluss haben, wohl aber auf unser Unterbewusstsein fortlaufend Einfluss nehmen können und dadurch unser Empfinden beeinflussen."

6.1   Veranlagung und Prägung

„Bei der Geburt sind durch die DNS unsere Lebens- und Erbinformationen (= Grundprogrammierung) festgelegt. Ab dem Zeitpunkt der Geburt erhält der Mensch permanent Nachprogrammierungen über seine Sinnesorgane. Durch jede neue Information entsteht eine emotionale Prägung, die entweder **POSITIV** oder **NEGATIV** ist."

Veranlagung und Prägung. Grafphische Darstellung: Alphajump

„Herr Lewis, danke für dieses Schaubild, es macht sehr gut deutlich, dass praktisch in all unseren Lebensphasen positive und negative Nachprogrammierungen auf uns wirken", ergänzte Professor Connor und hörte Edward Lewis weiter gespannt zu.

6.2   Programmierung des Unterbewusstseins

„Auch aus unserem Denken können emotionale Prägungen resultieren (Restimulierung). Wir sollten deshalb stets bestrebt sein, unser Unterbewusstsein positiv zu programmieren und negatives Denkverhalten vermeiden."

„Herr Connor, aus diesem Grund habe ich in diesem Schaubild mal eine Zusammenfassung erstellt mit Beispielen für positives oder negatives Denkverhalten".

Positives Denken	Negatives Denken
Lösungsorientierung	**Problemsuche**
…Wie kriege ich es hin?	…Das ist unmöglich
…Warum nicht?	…Das klappt nie
…Ich versuche es mal	…Das geht nicht
Positive Kommunikation	**Negative Kommunikation**
…Wir finden eine Lösung!	…Du hast Schuld!
…Gib einfach Dein Bestes!	…Du kannst das nicht
…Geschmacksache!	…Wie Du bloß aussiehst!
…Danke – Bitte	…Mach gefälligst …
Toleranz	**Ablehnung/Neid/Rache**
…Er tut, was er kann	…dieser Vollidiot
…Er weiß es nicht besser	…den könnte ich töten
…Schön, wie er sich freut	…der Idiot hat nur Glück
…Leben und leben lassen	…den mache ich fertig
…Jeder macht mal Fehler	…der kann was erleben
Bestätigung	**Abwertung**
…Herzlich willkommen!	…Wer sind die denn?
…Elegantes Styling!	…Was der Teures anhat!
…Wir brauchen Sie!	…Sie sind ersetzbar!
…Gut gemacht!	…Kann doch jeder

„Sehr schön, Herr Lewis – wir müssen alle sehr achtsam sein, wenn es darum geht, was und wie wir denken", erwiderte Professor Connor.

„Das Beispiel mit der Zitrone und dass einem das Wasser im Mund zusammenläuft, wenn man an diese denkt, Herr Connor, war in diesem Zusammenhang sehr hilfreich, um zu begreifen, dass das Unterbewusstsein zwischen tatsächlich Erlebtem oder nur Gedachtem nicht unterscheiden kann", ergänzte Edward Lewis.

„Dieses Grundwissen ist ebenso bedeutsam", setzte Edward Lewis fort, „wie der Mechanismus des Körpers im Zusammenhang mit dem Thema Übergewicht und Abnehmen. Wissen über Ernährung in Verbindung mit Bewegung ist der Schlüssel", worauf der Professor zustimmend nickte.

„Aber dieses Wissen bildet nur die Grundlagen dafür, wie wir als Menschen konstruiert sind und funktionieren", fuhr Edward Lewis fort. „Die Anleitung zum Erfolg liegt in der Erkenntnis unserer facettenreichen Bedürfnisse, die wir nur befriedigen können, wenn wir ganz bewusst nach innen und nach außen wirken."

„Und dies wird maßgeblich durch unser Denkverhalten bestimmt."

„Herr Connor, ich zeige Ihnen nun eine weitere Darstellung: Die Bedürfnispyramide von Maslow, die ich anschaulich erweitert habe."

6.3   Bedürfnispyramide nach Maslow – erweitert

„Diese Abbildung zeigt die Darstellung der menschlichen Bedürfnisse in hierarchischer Ordnung nach Maslow. Die Darstellung der Bedürfnispyramide habe ich um die Aspekte erweitert, welche zur Befriedigung der einzelnen Bedürfnisse beitragen können. Die Bedürfnisbefriedigung in allen Bereichen kann die menschliche Zufriedenheit und das Glücksempfinden stärken."

Bedürfnispyramide nach Maslow – erweitert. Grafische Darstellung: Alphajump

„**Die dritte Stufe** betrifft die **Befriedigung unserer sozialen Bedürfnisse** durch den erfolgreichen Umgang und die erfolgreiche Kommunikation mit anderen Menschen. Dies wird erreicht, indem wir jederzeit das Selbstwertgefühl (SWG) aller Menschen beachten. Konstruktiver und respektvoller Umgang mit anderen Menschen – auch wenn diese unterschiedliche Auffassungen oder Meinungen haben – ist Voraussetzung, um letztlich erfolgreich zu kommunizieren. Somit können wir durch Wertschätzung anderer auch unsere eigenen sozialen Bedürfnisse befriedigen.

Die vierte Stufe betrifft die **Befriedigung unserer eigenen Wertschätzungsbedürfnisse.** Dies wird erreicht durch das Aussenden positiver Energien, indem wir positives Denken und positive Kommunikation praktizieren. Diese werden unweigerlich reflektiert und kehren zu uns zurück. Wir können dadurch unsere eigenen Wertschätzungsbedürfnisse befriedigen.

Die fünfte Stufe führt zur **Befriedigung unserer Selbstverwirklichungsbedürfnisse.** Dies wird erreicht, indem wir Aufgaben, Projekte und Lebensinhalte finden und verfolgen, die unsere Zufriedenheit stärken, uns begeistern und für die wir Liebe und Hingabe empfinden. Dadurch dehnt sich unser Verstand in alle Richtungen aus und wir können unsere Leistungsfähigkeit exponentiell steigern. Dadurch können wir mit dem, was wir tun, weit besser als der Durchschnitt werden. Ebenso können wir daraus abgeleitet weit besser als der Durchschnitt Geld verdienen.

Mit überdurchschnittlichem Einkommen wird es auch immer leichter, die **Stufe eins,** unsere **physiologischen Grundbedürfnisse,** und die **Stufe zwei,** unsere **Sicherheitsbedürfnisse,** zu befriedigen.“

„Herr Lewis, Sie haben das ganz phantastisch erläutert.“

„Danke Herr Connor, das bedeutet mir sehr viel.“

„Ich freue mich, dass ich mit Ihnen einen neuen Freund und Geschäftspartner gewonnen habe und gratuliere Ihnen zu Ihrer neuen Aufgabe“, erwiderte der Professor.

„Herzlichen Dank, ich freue mich auch auf die Zusammenarbeit mit Ihnen“, antwortete Edward Lewis.

Was Sie aus diesem *essential* mitnehmen können

- Zu erkennen wie einfach Erfolg sein kann
- Wie man durch schlichte Wissenserweiterung Glück und Erfolg umsetzen kann
- Ganzheitlich in Bildern die Konstruktion Erfolg verstehen
- Wie man das eigene Leben erfolgreich bereichern kann

© Der/die Herausgeber bzw. der/die Autor(en), exklusiv lizenziert durch
Springer Fachmedien Wiesbaden GmbH, ein Teil von Springer Nature 2020
M. Fiedler, *Anleitung zum Erfolg*, essentials,
https://doi.org/10.1007/978-3-658-30073-9

Karriereturbo soziale Kompetenz

Dieses Buch „Anleitung zum Erfolg" zeigt auf, wie wichtig es für Ihren individuellen Erfolg ist, herauszufinden, was Ihre innere Zufriedenheit stärkt. Das klingt eigentlich ganz einfach, ist aber nicht immer leicht. Deshalb ist es von Bedeutung, dass Sie sich mit Ihren eigenen Stärken und Schwächen auseinandersetzen. Fragen Sie sich selbst: Wer bin ich? Was kann ich? Welchen Mehrwert kann ich einem Unternehmen bieten? Was habe ich im Gepäck, das für einen Personalentscheider so interessant sein kann, dass es ihn dazu bewegt, sich gerade für Sie zu entscheiden?

Wenn Sie sich diese Fragen immer wieder ehrlich beantworten, werden Sie sich über sich *selbst bewusster* werden. So gewinnen Sie **Selbst-bewusst-sein:** „Dies bin ich, das kann ich. Dies sind meine Stärken und an diesem oder jenen Punkt werde ich mich noch weiter verbessern."

Wenn Sie sich mit den Inhalten dieses Buches intensiv auseinandersetzen, erhalten Sie eine gute Grundlage zur weiteren Entwicklung ihrer Persönlichkeit und Ihres Erfolges.

Es ist hilfreich, von Zeit zu Zeit die Inhalte dieses Buches wieder neu zu verinnerlichen und sie in der täglichen Praxis auch anzuwenden. Denn die Ausbildung von sozialer Kompetenz ist ein Prozess, der auf den Wechselwirkungen zwischen unserem erworbenen Wissen und den damit verbundenen Erfahrungen beruht.

Eine gut ausgebildete soziale Kompetenz zählt heute zu den gefragten Schlüsselqualifikationen. Dieses herausragende Persönlichkeitsmerkmal kann für Personalentscheider den Ausschlag geben, sich gerade für Sie zu entscheiden.

© Der/die Herausgeber bzw. der/die Autor(en), exklusiv lizenziert durch Springer Fachmedien Wiesbaden GmbH, ein Teil von Springer Nature 2020
M. Fiedler, *Anleitung zum Erfolg,* essentials,
https://doi.org/10.1007/978-3-658-30073-9

Danksagung

Ich möchte mich an dieser Stelle bei verschiedenen Trainerinnen und Trainern, Seminarleiterinnen und Seminarleitern sowie Autorinnen und Autoren bedanken, dass ich von Ihnen lernen durfte. Dies hat meine persönliche Entwicklung unterstützt.

Mein Dank gilt:
Herrn Werner Schramm (GUSTAV KÄSER TRAINING INTERNATIONAL GMBH). Ich durfte ihn persönlich kennenlernen. Er ist eine großartige Persönlichkeit und ein hervorragender Trainer. Ich habe viel lernen dürfen über Persönlichkeit, Personal- und Gesprächsführung, Motivation und Rhetorik – herzlichen Dank!

Herrn Günter Zienterra (Institut für Rhetorik und Kommunikation, Bornheim). Seine Veranstaltung über Rhetorik war eine Bereicherung für mich – Dankeschön!

Frau Vera F. Birkenbihl – Ihre Literatur über Rhetorik, Motivation und Verhandlungsgeschick sowie Ihre zahlreichen Lebenshilfen und Erfolgs-Tipps haben mir persönlich viel gegeben. Sie konnten vieles sehr einfach darstellen – das ist großartig! – Danke!

© Der/die Herausgeber bzw. der/die Autor(en), exklusiv lizenziert durch Springer Fachmedien Wiesbaden GmbH, ein Teil von Springer Nature 2020
M. Fiedler, *Anleitung zum Erfolg*, essentials,
https://doi.org/10.1007/978-3-658-30073-9

Über den Autor

Martin Fiedler, ist nach dem erfolgreichen Abschluss seines Betriebswirtschaftsstudiums 1993 in Mainz seit vielen Jahren im gehobenen Management des filialisierten Einzelhandels im Vertrieb tätig.

Der erfolgreiche Umgang mit Menschen und Mitarbeitern ist dabei für ihn stets zentraler Bestandteil seines Wirkens. Aus diesem Grund beschäftigt er sich seit vielen Jahren mit den Themenbereichen Personalführung und Persönlichkeitsentwicklung.

Es ist ihm ein Anliegen, die Essenz der häufig als komplex wahrgenommen Themen wie Persönlichkeitsentwicklung, Erfolg und soziale Kompetenz einfach, verständlich und für die tägliche Praxis anwendbar in einer Anleitung für Erfolg zu verdichten und diese in einem kompakten Taschenbuch einer großen Zahl von Menschen zugänglich zu machen.

Literatur

Birkenbihl, Vera F. 1998. *Rhetorik*. Bergisch Gladbach: Urania Verlag und birkenbihl-media.

Blanchard, Kenneth, und Spencer Johnson. 1983. *Der Minuten Manager*. Reinbek bei Hamburg: Rowohlt.

Egli, Rene. 1994. *Das LOLA-Prinzip oder Die Vollkommenheit der Welt*. Editions d'Olt, CH-8955: Oetwil a.d.L.

Faix, Werner G., und Angelika Laier. 1996. *Soziale Kompetenz: Wettbewerbsfaktor der Zukunft*. Wiesbaden: Gabler.

Hasselmann, Varda, und Frank Schmolke. 1995. *Weisheit der Seele, Trancebotschaften über den Sinn der Existenz*. München: Wilhelm Goldmann.

Holzheu, Harry. 1996. *Ehrlich überzeugen: Aktiv zuhören, souverän verhandeln, sicher gewinnen*. Düsseldorf: ECON.

Martin, Manfred, und Gabi Pörner. 1994. *Das neue Management, Schlüsselfaktoren für den Spitzenerfolg*. München: Wirtschaftsverlag Langen-Müller Herbig.

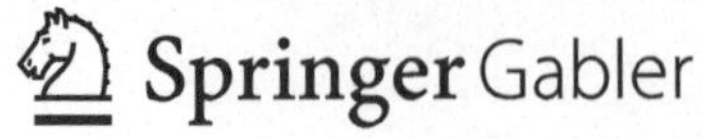